5

供电企业生产技能人员标准化作业培训教材

# GW16/17-252型隔离开关检修

福建省电力有限公司　组编

输变电

中国电力出版社
CHINA ELECTRIC POWER PRESS

## 内 容 提 要

本册书是按照《供电企业生产技能人员标准化作业培训教材》体系的要求，结合生产实际编写而成。本册书共分为两大部分，主要从 GW16/17-252 型隔离开关检修的作业描述、工作流程、工作质量标准、危险点分析等方面予以详细阐述，结合实际作业案例进行分析，并附实际作业案例相关的标准化文本及相关说明。

本册书作者都是长期从事电力生产一线的员工，有较为丰富的现场实际经验，所列举的案例也是实际生产过程中所发生的，具有较强的生产现场指导意义。本册书可作为供电企业变电检修工作人员的培训教学用书，也可作为电力职业院校教学参考用书。

**图书在版编目（CIP）数据**

供电企业生产技能人员标准化作业培训教材. 输变电/福建省电力有限公司组编. —北京：中国电力出版社，2012.12
ISBN 978-7-5123-3810-4

Ⅰ. ①供…　Ⅱ. ①福…　Ⅲ. ①供电－工业企业管理－标准化管理－中国－技术培训－教材　②输电－电力系统－技术培训－教材　③变电所－电力系统－技术培训－教材
Ⅳ. ①F426.61

中国版本图书馆 CIP 数据核字（2012）第 287838 号

中国电力出版社出版、发行
（北京市东城区北京站西街 19 号　100005　http://www.cepp.sgcc.com.cn）
北京九天众诚印刷有限公司印刷
各地新华书店经售

*

2013 年 1 月第一版　　2013 年 1 月北京第一次印刷
787 毫米×1092 毫米　16 开本　84 印张　1766 千字
全册定价 **232.00** 元

陈艺鑫　陈日坤　陈祥舒　陈朝晖　陈德兴
林　衡　林一泓　林志敏　林志强　林轶群
林海渊　欧世尧　欧永连　罗　松　罗　毅
金建宁　郑哲人　郑雄俊　郑黎斐　赵道阳
施　纬　施广宇　洪西卿　钱志立　翁晓锋
涂恩来　黄　亮　黄国敏　董　磊　傅智为
潘晨曦

# 前 言

preface

为了更好地服务“五大”体系建设，提升生产技能人员良好的“职业化”行为习惯，建立与现场标准化作业生产环境一致的培训课程体系，福建省电力有限公司以现场标准化作业指导书为蓝本，组织开展生产技能标准化作业培训教材的编写工作。为确保教材的编写质量和进度，由总工程师李功新主抓此项工作，多次召集工作协调会，定期听取编写进度汇报；人力资源部负责教材编写的组织工作，运维检修部、科技信通部和调度控制中心负责教材编写的具体工作，福建省电力有限公司和基层单位技术专家组成教材编写与审定小组，公司培训中心负责教材编写框架和编写规范的制订、编写进度跟踪及其他协调工作。

本套教材集中了福建省电力有限公司众多专家学者的智慧，采用了全新的组织架构，突出了基于现场标准化作业的培训特色。本套教材分为配电专业、输变电专业和二次专业三本书，包括 91 项现场标准化作业项目（子分册），具有很强的针对性和实用性。各项目（子分册）分为两部分：第一部分介绍了各项目的工作流程、工作质量标准与控制、危险点分析与预控、管理与记录要求、作业案例等；第二部分罗列了标准化作业指导书等标准化作业文本，并结合第一部分的作业案例说明了标准化文本的填写规范。部分项目（子分册）还在附录部分对设备等内容进行了说明。

其中，配电专业分为架空线路、配电设备、计量装置及其他设备，由福建省电力有限公司运维检修部高级工程师姚亮担任编写组长，福州电业局、厦门电业局、莆田电业局、泉州电业局、漳州电业局、龙岩电业局、三明电业局、南平电业局、宁德电业局、福清电力公司、石狮电力公司、晋江电力公司、南安电力公司、长乐电力公司等单位的专家参与编写工作。输变电专业分为开关类、线圈类和架空线路及电缆，由福建省电力有限公司运维检修部高级工程师林平担任编写组长，福建省电力科学研究院、检修分公司、福州电业局、厦门电业局、莆田电业局、泉州电业局、漳州电业局、龙岩电业局、三明电业局等单位的专家参与编写工作。二次专业分为继电保护、综合自动化、直流系统和电力通信，由福建省电力有限公司调度控制中心高级工程师宋福海、科技信通部高级工程师连纪文担任编写组长，福建省电力科学研究院、检修分公司、信息通信分公司、福州电业局、厦门电业局、莆田电业局、泉州电业局、龙岩电业局、三明电业局、南平电业局等单位的专家参与编写工作。

本册由福建省电力有限公司运维检修部林平担任编写组长，泉州电业局庄严、福建省电力科学研究院傅智为等编写；福建省电力科学研究院林一泓主审，龙岩电业局邱振敏、施纬、福建省电力检修公司赵道阳、福州电业局李积捷、翁晓锋、厦门电业局黄亮、莆田电业局张绍明、三明电业局郑黎斐、吴辉煌、李勇明等参审。

本教材在编写、审定过程中得到了福建省电力有限公司有关单位领导和专家的大力支持和帮助，在此一并感谢。同时，也感谢中国电力出版社的大力支持。

由于编者能力所限及编写时间仓促，难免存在疏漏之处，恳请各位专家和读者提出宝贵意见。

contents **目录**

第一部分

# 标准化作业培训

## 1 作业描述

根据 GW16/17—252 型隔离开关检修的标准化作业指导书的内容介绍 GW16/17—252 型隔离开关检修的工作流程和质量标准要求。通过流程介绍和列表说明，掌握 GW16/17—252 型隔离开关检修所需工器具、材料、工作流程、质量标准、作业中的危险点预控、操作步骤、管理要求等内容。

## 2 工作流程

GW16/17—252 型隔离开关检修的工作流程如图 1-1 所示。

## 3 工作质量标准与控制

### 3.1 引用标准

GB 1985—2004　《高压交流隔离开关和接地开关》
GB 50147—2010　《电气装置安装工程：高压电器施工及验收规范》
DL/T 593—2006　《高压开关设备和控制设备的共用技术要求》
Q/GDW 168—2008　《输变电设备状态检修试验规程》

### 3.2 质量控制

#### 3.2.1 清洗工艺要求

对金属零部件应使用煤油、汽油等不会造成腐蚀损伤的清洗剂；非金属零部件应使用无水乙醇（酒精）。清洗后的零部件表面应擦拭干净。

#### 3.2.2 润滑油封工艺要求

润滑前，应对传动部位零部件进行清洗，再均匀涂抹适量的优质二硫化钼锂基润滑脂，禁止戴棉制手套、毛刷。

#### 3.2.3 接触面处理工艺要求

导电接触面镀银层用清洗剂清洗干净，非镀银导电接触面用 0 号砂纸砂光后清洗干净。

#### 3.2.4 除锈、防锈工艺要求

除锈时，用钢丝刷将设备构架、外壳氧化层去掉，用铁砂布细加工彻底除锈。防锈时，先刷一遍底漆，后刷两遍防锈漆，每一遍刷油漆间隔时间以漆干为准，每一遍刷油漆应均匀、不起泡、厚薄度一样，无遗漏处。

#### 3.2.5 绝缘子检查要求

绝缘子表面无脱釉、无残缺、无裂纹，釉面清洁、光滑，两端法兰结合良好、无脱胶，绝缘子超声波探伤合格。

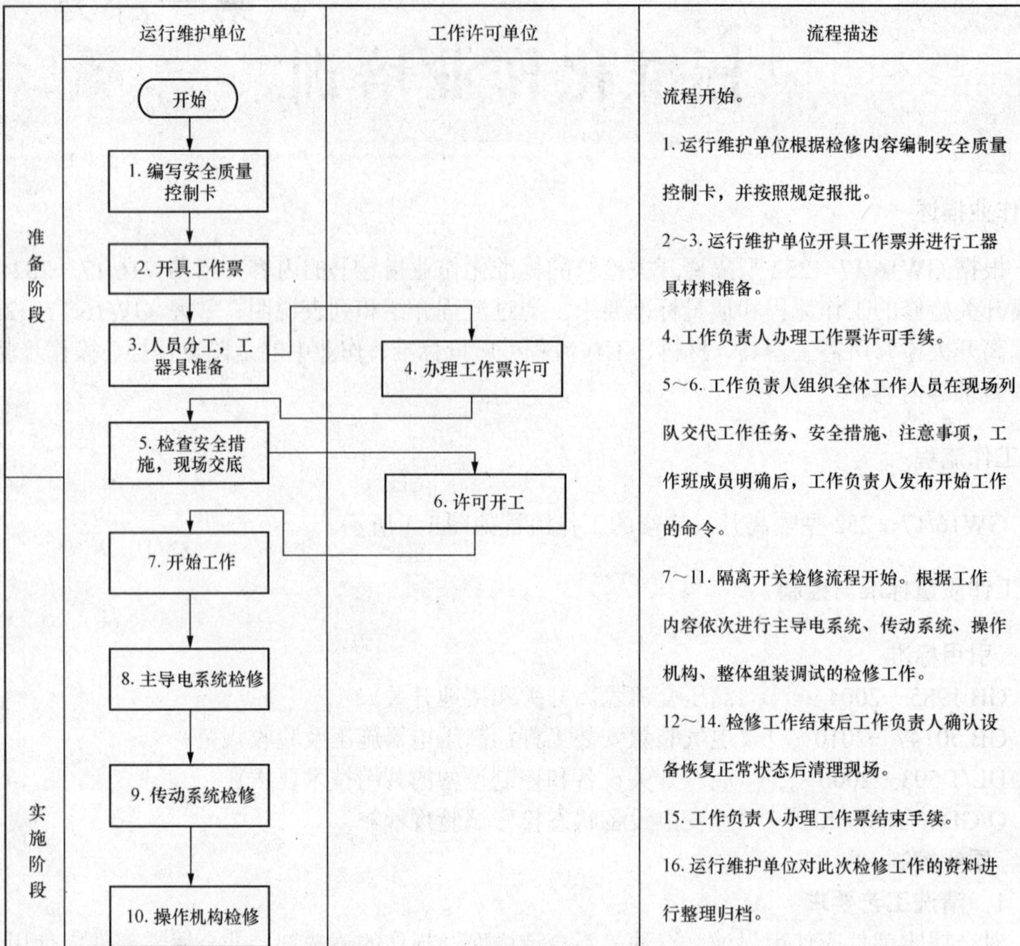


图 1-1　GW16/17-252 型隔离开关检修的工作流程图

## 4 安全风险分析与预控

### 4.1 危险点 1：人身触电

**事故案例**

3 月 24 日，××电业局××变电站 110kV 郭北线和 110kV Ⅰ、Ⅱ母线停电，郭北线断路器、线路隔离断路器、电流互感器、旁路隔离开关和母线Ⅰ隔离开关小修，9 点左右，办理完毕工作许可手续，检修人员开始工作，由于安全措施不完善，检修人员鲍××误登带电的 110kV 郭北线母线Ⅱ隔离开关清扫，清扫母线侧带电绝缘子时，触电烧伤。烧伤面积 40%，其中一度烧伤占 60%，二度烧伤占 30%，三度烧伤占 10%。同时造成 110kV 母差保护动作，1、2 号主变压器 1711、1712 断路器和郭无线 1715 断路器、郭惠线 1716 断路器跳闸。

**防范措施**

（1）工作许可人应会同工作负责人到现场再次检查所做的安全措施，对具体的设备指明实际的隔离措施，证明检修设备确无电压。（《国家电网公司电力安全工作规程（变电部分）》第 3.3.1.1 条）

（2）在室外高压设备上工作，应在工作地点四周装设围栏，其出入口要围至临近道路旁边，并设有“从此进出！”的标示牌。工作地点四周围栏上悬挂适当数量的“止步，高压危险！”标示牌，标示牌应朝向围栏里面。若室外配电装置的大部分设备停电，只有个别地点保留有带电设备而其他设备无触及带电导体的可能时，可以在带电设备四周装设全封闭围栏，围栏上悬挂适当数量的“止步，高压危险！”标示牌，标示牌应朝向围栏外面。禁止越过围栏。（《国家电网公司电力安全工作规程（变电部分）》第 4.5.5 条）

（3）工作负责人必须对工作班成员进行“三交底一控制”，务必让每个工作人员明白工作任务及危险点。

### 4.2 危险点 2：高处坠落

**事故案例**

2 月 15 日××变电公司检修人员在××变电站检修隔离开关时，支持绝缘子突然从根部断裂，造成检修人员高处坠落死亡；同年 12 月 9 日，××供电公司修试部在 220kV ××变电站进行 220kV 隔离开关完善化改造工作中，检修人员从搭建在隔离开关支持绝缘子上的梯子爬至支持绝缘子顶端，并将安全带系在隔离开关导电折架尾部，在 V 相工作的一名检修人员在用扳手松开引线螺丝过程中，该相支持绝缘子突然从根部断裂，检修人员随闸刀坠落至水泥地面，隔离开关动触头打压在其胸部而死亡。

**防范措施**

（1）凡在坠落高度基准面 2m 及以上的高处进行的作业，都应视作高处作业。（《国家电网公司电力安全工作规程（变电部分）》第 15.1.1 条）

（2）安全带的挂钩或绳子应挂在结实牢固的构件上，或专为挂安全带用的钢丝绳上，并应采用高挂低用的方式。禁止挂在移动或不牢固的物件上如隔离开关支持绝缘子、CVT 绝缘子、母线支柱绝缘子、避雷器支柱绝缘子等。（《国家电网公司电力安全工作规程（变电部分）》第 15.1.8 条）

（3）在隔离开关上工作，应安全带固定在专用的安全带挂杆上。

## 5 管理与记录要求

（1）在现场施工之前，必须在电力生产门户（GPMS）系统内开具变电站电气第一种工作票及安全质量控制卡，并在工作现场充分发挥工作票及安全质量控制卡的工作指导作用。

（2）在现场工作开始前，工作负责人及工作班成员应对即将进行的工作任务、停电范围及安全措施了解清楚，方可参与工作。

（3）工作人员到达工作现场后，在工作前工作负责人应根据工作票仔细核对现场安措布置情况，并对工作班成员进行安全交底。

（4）当工作结束后，工作班应清扫、整理现场。工作负责人应周密地检查，待全体人员撤离工作地点后，再向运行人员交待所修项目、发现的问题、试验结果和存在的问题等，并与运行人员共同检查设备状况、状态，有无遗留物件，有无清洁等。

（5）检修记录、缺陷流程运转、报表编写上传、完成时限录入到 GPMS 系统中，办理工作终结手续。并完成设备作业后状态评价。

（6）工作票交底现场录音上传录音系统。

（7）工作票、安全质量控制卡、报表等资料归档。

（8）编写大修总结报告并归档。

## 6 作业案例

220kV××变电站 220kV 湖官Ⅰ路 2131 隔离开关大修。

### 6.1 作业前准备

（1）现场勘察：工作负责人应组织有关人员对作业现场的条件、环境等进行现场勘察。并填写《现场勘察单》。

（2）查看设备履历情况。

（3）工器具、备品备件、材料准备。

（4）在 GPMS 系统开电气第一种工作票及安全质量控制卡。

（5）到达现场后，经工作许可后开始工作。

### 6.2 作业中控制

（1）修前的检查。

（2）清洗工艺要求。

（3）润滑脂涂抹工艺要求。

（4）接触面处理工艺要求。

（5）除锈、防锈工艺要求。

（6）上导电管装配解体检修。

（7）中间接头装配的检修。

（8）下导电管装配的检修。

（9）转动底座装配的检修。

（10）接地开关的装配检修。

（11）转动绝缘子、支持绝缘子检查及清洁。

（12）静触头装配检修。

（13）传动系统检查。

（14）所有紧固件的紧固。

（15）电动/手力操动机构检查。

（16）机械、电气联锁情况检查。

（17）整体组装、调试及试验。

### 6.3 作业验收

（1）工作质量验收。

（2）清理现场。

（3）在 GPMS 中录入检修、消缺情况，运维人员验收确认。

（4）办理工作票结束。

### 6.4 作业后工作

（1）召开班后会。

（2）在 GPMS 系统中对作业卡进行归档、评估。

（3）编制检修报告，并上传至 GPMS 系统。

（4）将安全交底和班后会录音上传至录音系统，并做好登记。

（5）将安全质量控制卡、报表、工作票等文件归档，编写大修总结报告并归档。

### 思考与练习

1．GW16/17-252 型隔离开关产品当下导电管处于垂直或水平位置时，而上导电管不垂直或不水平应如何调整。

2．GW16/17-252 型隔离开关在三相联动调整时，其主极的动触头分、合闸均能到位，而两边的动触头分、合闸均不到位，应如何调整？

3．GW16/17-252 型隔离开关在三相联动时，主极的分、合闸很正常，而一个边极合闸过盈而分闸不到位，另一边极分闸过盈而合闸不到位，应如何调整？

# 第二部分 标准化作业文本

## 1 标准化作业指导书

### GW16/17-252 型隔离开关检修作业指导书

编写：________ ________ 年 ______月 ______日

审核：________ ________ 年 ______月 ______日

批准：________ ________ 年 ______月 ______日

工作负责人：

作业日期：　　年　月　日　时至　　年　月　日　时

××××公司

## 1 范围

本作业指导书适用于GW16/17-252型隔离开关检修作业。

## 2 引用文件

GB 1985—2004 《高压交流隔离开关和接地开关》
GB 50147—2010 《电气装置安装工程：高压电器施工及验收规范》
DL/T 593—2006 《高压开关设备和控制设备的共用技术要求》
Q/GDW 168—2008 《输变电设备状态检修试验规程》
Q/FJG 10093—2008 《福建省电力有限公司输变电设备状态检修试验规程实施细则》

## 3 准备工作

### 3.1 准备工作安排

| √ | 序号 | 内容 | 标准 | 责任人 | 备注 |
|---|---|---|---|---|---|
| | 1 | 开工前3天，准备好施工所需仪器仪表、工器具、相关材料、相关图纸及相关技术资料，确定现场工器具摆放位置 | 仪器仪表、工器具应试验合格，满足本次施工的要求，材料应齐全，图纸及资料应符合现场实际情况 | | |
| | 2 | 了解隔离开关的履历情况，有针对性的开展准备工作 | 了解隔离开关的运行情况、前次检修情况及缺陷情况，做好检修前的准备工作，确定重点检修项目 | | |
| | 3 | 根据本次作业内容和性质确定好检修人员，并组织学习本指导书 | 要求所有工作人员都明确本次工作的作业内容、进度要求、作业标准及安全注意事项 | | |
| | 4 | 填写第一种工作票，在开工前一天交值班员 | 工作票应填写正确，并按《电业安全工作规程》执行 | | |

### 3.2 人员要求

| √ | 序号 | 内容 | 责任人 | 备注 |
|---|---|---|---|---|
| | 1 | 现场工作人员的身体状况、精神状态良好 | | |
| | 2 | 作业辅助人员（外来）必须经负责施教的人员，对其进行安全措施、作业范围、安全注意事项等方面施教后方可参加工作 | | |
| | 3 | 特殊工种（高空作业车、电焊工等）必须持有效证件上岗 | | |
| | 4 | 所有作业人员必须具备必要的电气知识，基本掌握本专业作业技能及《国家电网公司电力安全工作规程》的相关知识，并经《国家电网公司电力安全工作规程》考试合格 | | |
| | 5 | 作业负责人必须经局批准 | | |

### 3.3 备品备件

| √ | 序号 | 名称 | 规格 | 单位 | 数量 | 备注 |
|---|---|---|---|---|---|---|
| | 1 | 定位套 | | 个 | 6 | |
| | 2 | 防雨罩 | | 个 | 3 | |

表（续）

| √ | 序号 | 名　　称 | 规　　格 | 单位 | 数量 | 备　　注 |
|---|---|---|---|---|---|---|
| | 3 | 连板 | | 个 | 12 | |
| | 4 | 滚子 | | 个 | 3 | |
| | 5 | 波纹管 | | 个 | 3 | |
| | 6 | 橡皮垫 | | 个 | 3 | |
| | 7 | 动触片 | | 个 | 12 | |
| | 8 | 上导电臂操作杆 | | 个 | 1 | |
| | 9 | 平衡弹簧 | | 个 | 3 | |
| | 10 | 接地触指弹簧 | | 个 | 3 | |
| | 11 | 复位弹簧 | | 个 | 3 | |
| | 12 | 夹紧弹簧 | | 个 | 3 | |
| | 13 | 导电带 | | 根 | 4 | |
| | 14 | 导电杆 | | 根 | 1 | |
| | 15 | 缓冲垫 | | 个 | 2 | |
| | 16 | 触指 | | 个 | 16 | |
| | 17 | 平面双四连杆 | | 根 | 2 | |
| | 18 | 尼龙轴套 | （$\phi$40×$\phi$36/24） | 个 | 1 | |
| | 19 | 弹性圆柱销 | （$\phi$3×20） | 个 | 4 | |
| | 20 | 弹性圆柱销 | （$\phi$5×40） | 个 | 4 | |
| | 21 | 弹性圆柱销 | （$\phi$6×25） | 个 | 1 | |
| | 22 | 弹性圆柱销 | （$\phi$6×30） | 个 | 2 | |
| | 23 | 弹性圆柱销 | （$\phi$6×35） | 个 | 1 | |
| | 24 | 弹性圆柱销 | （$\phi$6×40） | 个 | 5 | |
| | 25 | 弹性圆柱销 | （$\phi$6×50） | 个 | 2 | |
| | 26 | 弹性圆柱销 | （$\phi$6×70） | 个 | 2 | |
| | 27 | 弹性圆柱销 | （$\phi$8×20） | 个 | 2 | |
| | 28 | 弹性圆柱销 | （$\phi$8×50） | 个 | 1 | |
| | 29 | 弹性圆柱销 | （$\phi$8×70） | 个 | 2 | |
| | 30 | 弹性圆柱销 | （$\phi$10×50） | 个 | 2 | |
| | 31 | 弹性圆柱销 | （$\phi$10×70） | 个 | 2 | |
| | 32 | 弹性圆柱销 | （$\phi$12×50） | 个 | 1 | |
| | 33 | 弹性圆柱销 | （$\phi$12×70） | 个 | 2 | |
| | 34 | 弹性圆柱销 | （$\phi$16×20） | 个 | 2 | |
| | 35 | 绝缘垫片 | （$\phi$38×$\phi$58/0.5） | 片 | 8 | |
| | 36 | 圆头键 | （10×50） | 个 | 2 | |

## 3.4 工器具

| √ | 序号 | 名　　称 | 规　　格 | 单位 | 数量 | 备　　注 |
|---|---|---|---|---|---|---|
| | 1 | 塞尺 | 0.01～0.1mm | 套 | 1 | |
| | 2 | 棘轮扳手 | 250mm 配 10、13、16、18、19 套头 | 个 | 各 1 | |
| | 3 | 开口扳手 | 10、13、16、18、19、21、22、23、24 | 把 | 各 1 | |
| | 4 | 安装锤 | | 把 | 1 | |
| | 5 | 圆头锤 | | 把 | 1 | |
| | 6 | 扁铲 | 12mm | 把 | 1 | |
| | 7 | 尖嘴钳 | 6″ | 把 | 1 | |
| | 8 | 老虎钳 | 6″ | 把 | 1 | |
| | 9 | 螺丝刀 | 一字（大、中、小） | 把 | 各 1 | |
| | 10 | 螺丝刀 | 十字（大、中、小） | 把 | 各 1 | |
| | 11 | 短柄螺丝刀 | 一字、十字 | 把 | 各 1 | |
| | 12 | 销式冲子 | 2、4、8mm | 把 | 各 1 | |
| | 13 | 不锈钢直尺 | 12″（300mm） | 把 | 1 | |
| | 14 | 钢卷尺 | 3m | 把 | 1 | |
| | 15 | 锉刀 | 平头扁锉、平头圆锉、尖头平面三角锉 | 把 | 各 1 | |
| | 16 | 卡簧钳 | 弯嘴、直嘴 | 把 | 各 1 | |
| | 17 | 水平尺 | 400mm | 把 | 1 | |
| | 18 | 双保险安全带 | DW2Y | 副 | 3 | |
| | 19 | 万用表 | | 个 | 1 | |
| | 20 | 绝缘电阻表 | 500V、1000V 挡 | 个 | 1 | |
| | 21 | 专用工作 | 弹簧装配工装 | 套 | 1 | 厂家提供 |
| | 22 | 安全带专用挂件 | | 支 | 3 | |
| | 23 | 检修架 | | 副 | 1 | |
| | 24 | 临时个人保安线 | | 条 | 3 | |
| | 25 | 高空作业升降车 | | 辆 | 1 | |
| | 26 | 回路电阻测试仪 | ≥100A | 台 | 1 | |
| | 27 | 绝缘子探伤仪 | | 台 | 1 | |

## 3.5 材料

| √ | 序号 | 名　　称 | 规　　格 | 单位 | 数量 | 备　　注 |
|---|---|---|---|---|---|---|
| | 1 | 汽油 | | kg | 3 | |
| | 2 | 二硫化钼 | | kg | 1 | |
| | 3 | 导电脂 | | g | 100 | |

表（续）

| √ | 序号 | 名　　称 | 规　　格 | 单位 | 数量 | 备　注 |
|---|---|---|---|---|---|---|
| | 4 | 松动润滑剂 | | g | 50 | |
| | 5 | 密封胶 | 609 | g | 15 | |
| | 6 | 砂布 | 0号 | 张 | 6 | |
| | 7 | 工业百洁布 | | 块 | 6 | |
| | 8 | 棉纱布 | | kg | 1.5 | |
| | 9 | 毛刷 | 40mm | 把 | 3 | |
| | 10 | 锯条 | | 片 | 3 | |
| | 11 | 钢丝刷 | | 把 | 3 | |
| | 12 | 铁丝 | 8号 | kg | 10 | 用于隔离开关上、下导电杆的固定 |
| | 13 | 银灰漆 | | kg | 4 | |
| | 14 | 防锈漆 | | kg | 4 | |
| | 15 | 磁漆 | 红色 | kg | 0.2 | |
| | 16 | 磁漆 | 绿色 | kg | 0.2 | |
| | 17 | 磁漆 | 黄色 | kg | 0.2 | |
| | 18 | 磁漆 | 黑色 | kg | 0.5 | |
| | 19 | 麻绳 | $\phi16$ | kg | 0.3 | |
| | 20 | 开口销 | $\phi3\times20\sim\phi3\times40$ | 个 | 60 | |
| | 21 | 螺栓 | 各种规格 | 套 | 适量 | 不锈钢件 |
| | 22 | 平垫圈 | 各种规格 | 个 | 适量 | |
| | 23 | 弹簧垫圈 | 各种规格 | 个 | 适量 | |

## 3.6 危险点分析

| √ | 序号 | 内　　容 |
|---|---|---|
| | 1 | 误入带电间隔 |
| | 2 | 工作人员或工器具与带电部位安全距离不够，易引起放电 |
| | 3 | 感应电，易引起人身伤害意外事故 |
| | 4 | 检修电源设备损坏或接线不规范，会引起低压触电 |
| | 5 | 高处作业不正确使用安全带，易发生高空坠落 |
| | 6 | 隔离开关传动时，如果设备上有人工作易引起伤害 |
| | 7 | 物品上下抛掷，易伤人或砸坏设备 |
| | 8 | 高空作业车作业时与相邻设备带电距离过近，或碰伤绝缘子，引起事故 |
| | 9 | 高空作业时，人员或工器具发生高空坠落 |
| | 10 | 检修收工，设备上有遗留物 |

## 3.7 安全措施

| √ | 序号 | 内　　容 |
|---|---|---|
| | 1 | 确认现场安全措施与工作票上所列安全措施一致。进入检修现场、攀登设备前，须核对设备的双重名称、编号 |
| | 2 | 工作人员或工器具随时与带电部位保持足够的安全距离：220kV≥3.0m。工作必须由二人以上进行，其中一人担任监护 |
| | 3 | 防止感应电，在设备导电部位的工作应使用临时个人保安线 |
| | 4 | 检修电源接线时，必须确认电源线的极性及所需使用的电压，使用的工具金属裸露部位应用绝缘材料包好，有人监护，同时必须使用带电漏电保护的电源盘 |
| | 5 | 高处作业应正确使用安全带。安全带应高挂低用、禁止挂在隔离开关瓷柱上 |
| | 6 | 隔离开关检修时，应将远方/就地切换开关打至就地或停止位置，并断开空气断路器。隔离开关传动前，隔离开关上所有工作人员应撤离 |
| | 7 | 物品应用绳子传递，禁止抛掷。工器具应系好保险绳或做好其他防坠落的可靠措施 |
| | 8 | 高空作业车操作前与驾驶员、操作人员交待邻近带电部位，设立专职监护人员 |
| | 9 | 车斗内人员正确使用安全带、安全绳，工具器应使用专用工具器袋 |
| | 10 | 工作结束前，应全面检查设备，确保无遗留物 |

# 4 作业程序及作业标准

## 4.1 开工

| √ | 序号 | 内　　容 | 到位人员签字 |
|---|---|---|---|
| | 1 | 工作票负责人按局、工区有关规定办理好工作票许可手续，完成三级交底工作 | |
| | 2 | 本作业负责人对本班工作人员进行明确分工，并确认所有工作人员正确使用劳保用品 | |
| | 3 | 在工作负责人带领下进入作业现场，并向所有工作人员详细交待作业任务、安全措施和安全注意事项。全体工作人员应明确作业范围、进度要求等内容，并在到位人员签字栏上分别签名 | |
| | 4 | 专责施教人对辅助人员（外来）按工区规定进行施教，施教内容包括：作业范围、安全措施、安全注意事项等 | |

## 4.2 作业内容和作业标准

| √ | 序号 | 作业内容 | 作业标准 | 安全措施及注意事项 | 检修结果 | 责任人签字 |
|---|---|---|---|---|---|---|
| | 1　修前检查及基本工艺要求 | | | | | |
| | 1.1 | 修前检查 | 1．隔离开关在停电前、带负荷状态下的红外测温。<br>2．隔离开关主回路电阻测量。<br>3．隔离开关的电气传动及手动操作 | 梯子等长物搬运时应放倒，两人平抬；<br>工器具、物品上、下应用绳子和工具袋传递，禁止抛掷 | | |

表（续）

| √ | 序号 | 作业内容 | 作业标准 | 安全措施及注意事项 | 检修结果 | 责任人签字 |
|---|---|---|---|---|---|---|
| | 1.2 | 清洗工艺要求 | 对金属零部件应使用煤油、汽油等不会造成腐蚀损伤的清洗剂；非金属零部件应使用无水乙醇（酒精）。并将清洗后的零部件表面擦拭干净 | 高空作业车驾驶员、操作员都应经过专业培训并考试合格，持证上岗；<br>高空作业车应设专人监护 | | |
| | 1.3 | 润滑油封工艺要求 | 润滑前，应对传动部位零部件进行清洗，再均匀涂抹适量的优质二硫化钼锂基润滑脂，禁止戴棉制手套、毛刷 | | | |
| | 1.4 | 接触面处理工艺要求 | 导电接触面镀银层用汽油清洗干净，非镀银导电接触面用0号砂纸砂光后清洗干净 | | | |
| | 1.5 | 金属件及弹性部件检查工艺要求 | 金属件及弹性部件表面无氧化、无锈蚀、无裂纹、无残缺；弹性部件无弹性疲劳，形变长度符合要求，部件检查清洗后，在其表面均匀涂抹少量二硫化钼锂基润滑脂 | | | |
| | 1.6 | 除锈、防锈工艺要求 | 除锈时，用钢丝刷将设备构架、外壳氧化层去掉，用铁砂布细加工彻底除锈。防锈时，先刷一遍底漆，后刷两遍防锈漆，每一遍刷油漆间隔时间以漆干为准，每一遍刷油漆应均匀、不起泡、厚薄度一样，无遗漏处 | | | |
| | 2　主导电系统检修 | | | | | |
| | 2.1 | 主导电系统的分解（内部结构见附录B、C） | 1．将隔离开关固定在专用检修平台上。<br>2．将上导电管装配下端部的滚子11和波纹管13取下，把上导电杆装配9与中间接头装配7相连的2个M14夹紧螺栓及定位螺钉放松，用斜铁把缺口楔开，抽出上导电管装配。<br>3．把下导电管装配6与中间接头装配7相连的2个M14夹紧螺栓和定位螺钉松开，用斜铁把缺口楔开，将中间接头越过合闸位置，旋转一定角度，使齿轮齿条脱离啮合，取下中间接头装配7。<br>4．取下下导电管装配6上的4个M14定位螺栓，同时用手扶住下导电管，将接线底座装配与两侧的调节拉杆拆下，慢慢地将下导电管放倒，把下导电管下端与转动座相连的2个M14螺栓及两侧的定位螺钉放松，用斜铁把缺口楔开，取下下导电管装配6。 | 因GW16型隔离开关的平衡弹簧在分闸时储有能量（GW17型合闸时储有能量），因此操作时应将中间接头装配与下导电管固定好，以免导电管导弹起伤人。<br>用斜铁楔缺口时，应防止损伤中间接头和下导电管。<br>防止斜铁损伤中间接头和下导电管。<br>防止斜铁损伤下导电管和转动座 | | |

表（续）

| √ | 序号 | 作业内容 | 作业标准 | 安全措施及注意事项 | 检修结果 | 责任人签字 |
|---|---|---|---|---|---|---|
| | 2.1 | 主导电系统的分解（内部结构见附录B、C） | 5．取下拉杆装配与接线底座之间的开口销和圆柱销4，将拉杆装配和平衡弹簧等从底座上卸下来。<br>6．留下接线底座装配 | | | |
| | 2.2 | 上导电管装配解体检修（内部结构见附录D） | 1．触指、触头座、复位弹簧、夹紧弹簧、操作杆、上导电管的清洗、检查、润滑（按1要求执行）。操作杆上端绝缘检查。<br>2．检查引弧角1烧损情况，如有严重烧伤，则予以更换。检查导电带软连接。<br>3．检查动触片2烧损情况，如有损伤，应更换或采取改变接触位置的方法进行处理。<br>①松开动触头座3与上导电管4相连的4个M14螺栓及定位螺钉，用斜铁把缺口楔开，将上导电管与动触头座分离。<br>②如动触片需要更换，按以下进行。<br>③拆除引弧角和导电带。<br>④拆除动触头座上部的橡胶防雨罩，并检查其防雨性能。<br>⑤将连接复位弹簧5的操作杆上部弹性圆柱销用冲子打出，卸下操作杆和复位弹簧并进行检查。<br>⑥用长冲子将动触头座上部的$\phi3$弹性圆柱销打出，把动触片、连板、接头及端杆一同拉出。<br>⑦将连板与动触片间的圆柱销打掉，使动触片与连板分离，拆卸过程中，要注意零部件之间的相互位置和方向，以及标准件的规格和长度，以免装复时发生错误。<br>⑧用汽油清洗所有零部件，更换弹性圆柱销和动触片，复位弹簧及操作杆均匀涂抹二硫化钼。<br>⑨换上新动触片，按照拆卸时的逆顺序装复。 | 无严重烧伤或断裂情况，操作杆绝缘部件无裂纹、无脏污、无爬电痕迹。<br>各接触点在合闸时均能可靠接触。<br>导电带完好，应无锈蚀、无烧伤、无折断等损伤情况。<br>防雨性能良好，内部零件无锈蚀。<br>操作杆、复位弹簧等无锈蚀、变形，复位弹簧自由长度为（98±5）mm。<br>卸下的部件应做标记。<br>所有零部件干净、无锈蚀和变形，新动触片无锈蚀、变形、开裂等。<br>装配正确、可靠、动作灵活。<br>夹紧弹簧无锈蚀和严重变形，其自由长度为（340±5）mm。<br>所有圆柱销无生锈、开裂、变形。<br>复合轴承无开裂、无变形、无损伤。<br>装配正确，接触可靠，连接牢固，动作轻巧。<br>夹紧弹簧无锈蚀和严重变形，其长度应与其自由度一致，必要时还应进行弹簧力矩的检查 | | |

表（续）

| √ | 序号 | 作业内容 | 作业标准 | 安全措施及注意事项 | 检修结果 | 责任人签字 |
|---|---|---|---|---|---|---|
| | 2.2 | 上导电管装配解体检修（内部结构见附录D） | 4．检查并清洗所有零部件，相对运动部位于用洁净布沾汽油擦干净后涂二硫化钼。<br>5．用专用工具将操作杆下部的夹紧弹簧 6 固定，打出上部 $\phi6\times40$ 的弹性圆柱销，取出夹紧弹簧并进行检查。<br>6．打出操作杆下部的 $\phi6\times40$ 的圆柱销及 $\phi6\times25$ 的圆柱销，使操作杆、$\phi27\times\phi24/20$ 的复合轴承、防雨罩分离。<br>7．检查所有圆柱销，如生锈和开裂变形，则更换。<br>8．检查并测量夹紧弹簧，除锈、清洗、刷防锈漆并涂以二硫化钼。<br>9．检查复合轴套，用汽油清洗并用无毛纸擦净，均匀涂以二硫化钼。<br>10．按照拆卸时的逆顺序组装上导电杆装配，注意对动触头座和上导电杆的导电接触面进行清洁、润滑。<br>11.在动触片与防雨罩接触处涂 SJG101 硅橡胶粘接剂 | | | |
| | 2.3 | 中间接头装配的检修（内部结构见附录E） | 1．连接叉、齿轮箱、导电回路、轴销、密封的清洗、检查、润滑（按 1 要求执行）。<br>2．检查连接叉 2、齿轮箱 3 的损伤和开裂变形情况，如有开裂及严重变形，应予更换。<br>3．取下转动触头装配 9 上的玻璃纤维防雨罩，对转动触头、弹簧、压片等零件进检查、清洗，如有烧伤应进行更换 | 连接叉铸件无开裂及严重损伤。<br>齿轮应无断齿、无裂纹、无锈蚀。<br>防雨罩无开裂，弹簧无开裂变形，触指表面镀银层良好、光滑，压块无开裂损坏 | | |
| | 2.4 | 下导电管装配的检修（内部结构见附录F） | 1．平衡弹簧、齿条、丝杆装配、导电管、转动座的清洗、检查、润滑（按 1 要求执行）。<br>2．将拉杆装配 3 上的调节螺母 4 从齿条 1 侧旋出，取出平衡弹簧 6 等零件，并将导向轮 2 和连板 5 分解。<br>3．打出齿条 1 与拉杆 3 之间的弹性圆柱销。<br>4．检查平衡弹簧 6 的疲劳、锈蚀及损坏情况，测量其自由长度，脱漆部分重新刷防锈漆，并涂黄干油。<br>5．检查弹性圆柱销，如开裂、变形、生锈应更换。 | 平衡弹簧无锈蚀，自由长度符合厂家要求，GW16-220，长度为 2×480mm，GW17-220 长度为 1×622mm；必要时应做弹簧力矩检测。<br>圆柱销无开裂、变形、生锈。<br>齿条平直，无变形、断齿等。<br>拉杆无生锈，变形。<br>导向轮无开裂及严重变形。<br>装配正确，零部件干净整洁 | | |

表（续）

| √ | 序号 | 作业内容 | 作业标准 | 安全措施及注意事项 | 检修结果 | 责任人签字 |
|---|---|---|---|---|---|---|
| | 2.4 | 下导电管装配的检修（内部结构见附录F） | 6．检查齿条1损坏情况，如缺齿、断齿应予以更换。<br>7．检查拉杆3的生锈及变形情况，除锈并刷防锈漆。<br>8．检查导向轮2的磨损及变形情况，如开裂或严重损坏应予更换。<br>9．按拆卸时的逆顺序装复下导电杆装配，装复前，应将调节螺母4等零部件用汽油清洗干净，拉杆涂润滑脂 | | | |
| | 2.5 | 接线底座装配的检修（内部结构见附录G） | 1．四连杆装配、底座装配内的齿轮、主轴、圆柱销清洗、检查、润滑（按1要求执行）。<br>2．检查调节拉杆1接头以及拉杆的螺纹是否完好，旋动是否灵活，轴孔是否光洁，可用砂布进行修整。<br>3．取下底座装配2与转动座3相连的防雨罩，检查其开裂变形情况，装复时应将其排水孔朝下。<br>4．对转动触头、弹簧、压片等零件进检查、清洗，如有烧伤应进行更换。<br>5．松开转动轴端部锁紧螺母上的M8×16紧固螺钉，拧下锁紧固螺套，托住转动座，取出主轴4，同时抽出转动座，对主轴4和转动座3进行清洗并抹干后涂上润滑脂。<br>6．拧开过渡板两面各6个M8×45固定螺钉，取下2块过渡板。对其进行清洁，然后装复，装复时应注意零件和过渡板缺口位置及方向的正确性。<br>7．检查大、小伞齿轮5有无损伤、转动是否灵活，并进行清洗、滑润。<br>8．松开底座装配接线板6上的6个M12紧固螺栓，清洗导电接触面，用干净布抹干，立即涂上导电脂。<br>9．按拆卸时的逆顺序进行接线底座装配的装复，注意调节拉杆在合闸位置时，下部法兰的固定落孔的位置必须与拆卸前的位置保持一致 | 调节拉杆的材质应为青铜或不锈钢，拉杆平直，螺纹完好，旋动灵活。<br>防雨罩应为玻璃纤维材质，无开裂、变形。<br>弹簧无变形、生锈，触指镀银层良好、光洁，压片无开裂、折断、无氧化。<br>主轴平直、光滑无变形。<br>接触面光滑、平整。<br>齿轮无裂纹、断齿，各零部件干净、整洁。<br>接触面光滑、平整。<br>装配正确，螺栓紧固 | | |

表（续）

| √ | 序号 | 作业内容 | 作业标准 | 安全措施及注意事项 | 检修结果 | 责任人签字 |
|---|---|---|---|---|---|---|
|  | 2.6 | 隔离开关主导电系统的组装（内部结构见附录B、C） | 1．将接线底座固定在专用检修平台上。<br>2．将转动座的内孔用砂纸砂光，用汽油清洗干净，立即均匀涂上无水凡士林。<br>3．将下导电管拉杆装配等，按原拆卸时的逆顺序装复在接线底座上，注意蝶形垫片呈“◇◇”型装配以及齿条的齿面朝上导电杆分闸弯折方向。<br>4．将下导电管的插入部分用百洁布砂光，用汽油清洗干净，立即涂中性凡士林，用专用工具楔开转动座的铣口，将下导电管插入，紧固好夹紧螺栓，注意导电管上下不能颠倒，下部定位孔的位置相互对准转动座的顶丝孔，定位螺钉表面涂二硫化钼，旋进定位螺钉，弹簧暂不预压。<br>5．调节转动座两侧拉杆，使下导电杆摆在垂直位置，扶住导电管，此时两个调节拉杆应等长，旋转拉杆装配上的固定套，使其 4 个螺孔对准下导电管上部的 4 个孔，并拧紧 4 个螺栓，但管内弹簧暂不预压，中间接头的连接接触面用金相砂纸砂光，用汽油清洗干净后立即涂上中性凡士林。<br>6．将中间接头的连接叉越过合闸位置一定角度，把中间接头的齿轮箱装入下导电管上部，此时将连接叉向分闸方向转动，边转动边把齿轮箱插入下导电管上部，齿轮箱的定位螺孔应对准导电管的上定位孔，同时观察连接叉的圆柱部分是否与下导电管基本上在一条直线上（GW16 型为垂直方向一条直线，GW17 型为水平方向一条直线），如果差别不大，松开底座装配与下导电管之间的丝杆锁紧螺母，调节拉杆长度；如果导电管的定位孔已经对准齿轮箱的定位螺孔，而差别仍然很大，则松动下导电管的下紧固螺栓，并将下导电管旋转约 90°后拧紧下导电管的下紧固螺栓，重新安装中间接头部分，使之达到垂直（或水平）要求，然后拧紧紧固螺栓，重新配钻$\phi$10 的定位孔。 | 固定螺栓紧固。<br>转动座内孔光滑无杂质。<br>齿条完好、弹簧无永久变形，齿条装设方向正确。<br>导电接触面光滑，导电管插入位置正确、适度。<br>下导电杆垂直，两个连杆等长，下导电管上部和齿轮箱内孔清洁、光滑无杂质并涂导电脂。<br>齿轮箱定位螺孔对准下导电管定位孔，连接叉圆柱部分与下导电管呈一直线。重新配钻定位孔时，须将导电管旋转约 90°。<br>定位螺钉紧固可靠。<br>导电接触部分清洁、光滑无毛刺，并涂凡士林。<br>导电管插入位置正确，滚轮中心距上导电管加工面距离为 259。<br>定位和夹紧螺栓紧固可靠上下导电杆成一条直线。<br>动触片各触点牢靠接触铜管接线底座装配上两侧的调节拉杆应等长且应在死点位置，限位螺栓应与其保持 1～2mm 的间隙。<br>回路电阻小于 95μΩ。<br>分、合闸最大操作力矩不大于 250N·m，其差值不大于 20N·m。<br>所有螺栓紧固可靠 |  |  |

表（续）

| √ | 序号 | 作业内容 | 作业标准 | 安全措施及注意事项 | 检修结果 | 责任人签字 |
|---|---|---|---|---|---|---|
| | 2.6 | 隔离开关主导电系统的组装（内部结构见附录B、C） | 7．拧紧下导电管上的上、下定位螺钉。<br>8．将连接叉上部与上导电管的下部的接触部分用百洁布打磨，用汽油清洗干净，用干净布抹干，立即涂上中性凡士林。<br>9．将上导电管装配装入连接叉，使导电管的孔对准定位后，紧固夹紧螺栓和定位螺钉。<br>10．使导电系统处于分闸位置，装复波纹管防雨罩和滚轮，滚轮上涂二硫化钼。<br>11.慢慢抬起导电系统处于合闸位置检查：<br>①上下导电管是否基本成一条直线；<br>②用$\phi40\pm0.2$mm的铜管（或铜棒）夹在动触片之间，在合闸终了时，检查每一动触片能否夹紧该圆管（棒），如果其中某一片夹不紧铜管，则应重新把上导电管取下进行分解和处理；如果四片都夹不紧铜管，则应测量滚轮中心的直线行程，按要求从动触片开始夹紧到最后夹紧铜管，滚轮中心的直线行程为3～5mm，所达不到的行程由增加上导电管插入连接叉或动触头座中的深度来增加，此时上导电管最好旋转约90°，并重新配钻定位孔，如果滚轮中心的直线行程大于5mm，则应由拔出上导电管来达到；<br>③测量从下接线端到静触头杆之间的回路电阻；<br>④调节平衡弹簧压力，并测量分、合闸的操作力矩，同时比较两者之差值；<br>⑤如果达不到质量标准要求，则可能是：弹簧与导电管内壁严重摩擦，此时应重新放松，摆正和调节平衡弹簧，若弹簧已经失效，应予以更换。<br>12．拧紧平衡弹簧上部固定套的4个螺栓，注意将长的定位螺栓装在窗口处，装上下导电管壁上窗口盖板，并涂上密封胶。<br>13．检查所有螺栓是否紧固，将主闸刀分闸，并按将上下导电管捆绑在一起 | | | |

表（续）

| √ | 序号 | 作业内容 | 作业标准 | 安全措施及注意事项 | 检修结果 | 责任人签字 |
|---|---|---|---|---|---|---|
|  | 2.7 | GW16 静触头装配检修（内部结构见附录 H） | 1．将静触头装配放置在铺好塑料布的地面上，观察所有接触部分是否有过热、烧伤现象，钢芯铝绞线 2 是否有散股、断股，所有夹板、夹块是否开裂、变形、氧化，做好记录，确定更换部件。<br>2．分别松开静触头杆 3 两端夹块的 4 个 M12 紧固螺栓，取下夹块 9、铜铝过渡套 8、夹块 6 和夹块 7，并进行检查。<br>3．松开母线夹装配 10 与导电板 1 相连的 4 个 M12 螺栓，取下上夹板 4 和下夹板 5 及钢芯铝绞线 2（注意在此之前应将钢芯铝绞线环的两端头用铁丝绑扎紧，以防散股），检查各零部件完好情况。<br>4．用汽油清洗所有零部件，用砂纸打磨所有非镀银导电接触面，擦净后涂导电脂，将钢芯铝绞线与夹板、夹块的接触部分用钢丝刷和汽油清洗，除去污垢，涂导电脂。<br>5．按拆卸时的逆顺序将静触头装配装复，装复时注意将铜铝过渡套的缺口朝下，与夹缝呈 90°，如静触头杆 3 与动触头接触处的烧损超过规定值，应进行更换。<br>6．如果要更换钢芯铝绞线，按以下步骤进行：<br>①在切断铝绞线之前，必须用铁丝紧紧绑扎住靠切口的两侧，并在距第一个绑扎线 120mm 处再补扎一次，然后进行切断；<br>②导线中的钢芯线，由于切割而被露出的截面，应涂保护清漆防锈，并将与夹块、夹板相接触的表面用砂布擦掉氧化层后立即在其表面涂导电脂；<br>③将铝绞线放入已处理好的夹块、夹板中，使两个圆均等后方可紧固螺栓，然后取消扎紧铁丝。<br>7．测量静触头装配的整体接触电阻值，应符合要求 | 静触头杆平直，镀银层良好，夹头无开裂，铜铝过渡套无损伤、变形，铝绞线无散股、断股，接触面清洁、光亮。<br>导电板平直，镀银层良好，母线夹、夹块无开裂、变形。铝绞线无断股、散股，铜铝过渡套无损伤，接触面清洁、光亮。<br>所有零部件清洁、完好，导电接触面光滑、平整，无严重烧伤和过热现象。<br>各连接部分紧固牢靠，导电接触面接触可靠，导电性能良好，静触头杆的烧伤深度≤2mm。<br>绞线无散股、断股，圆环直径约为 600～1000mm。<br>钢芯线无氧化，接触表面光滑、洁净。<br>静触头杆、铜铝过渡片与接线夹的端面整齐，接触可靠，导电性能良好。<br>母线夹头至静触头杆的电阻值＜40μΩ |  |  |

表（续）

| √ | 序号 | 作业内容 | 作业标准 | 安全措施及注意事项 | 检修结果 | 责任人签字 |
|---|---|---|---|---|---|---|
| | 2.8 | GW17 静触头装配检修（内部结构见附录 I） | 1．将单（双）静触头装配放置在铺好塑料布的地面上，检查接触部分是否有过热及烧伤痕迹。<br>2．松开静触头杆和弯板两端的紧固螺栓，用汽油清洗所有接触面，用砂布砂光所有非镀银接触面，并用干净布擦净，然后按拆卸逆顺序装复，并测量接触面接触电阻。<br>3．检查支持绝缘子有无开裂、损坏，法兰浇合处是否开裂、松动，检查法兰螺孔，用丝锥套攻，清除污垢，涂入二硫化钼，法兰处进行除锈刷漆 | 接触面无过热、烧伤等痕迹。<br>所有接触面清洁、光亮，螺栓紧固，接触良好，接触电阻不大于 15μΩ。<br>绝缘子完好、清洁，法兰无开裂，无锈蚀，油漆完好、光亮 | | |
| | 3　传动系统检修 | | | | | |
| | 3.1 | 传动系统检查 | 检查轴承座及各转动部位无卡涩、无异响，均匀加注适量二硫化钼锂基脂；隔离开关各转动部位动作灵活，无卡涩；轴销无锈蚀，开口销齐全并开口；各转动部分轴销，轴承涂二硫化钼锂基脂 | 如采用复合轴套，则不涂二硫化钼锂基脂。<br>轴承应转动灵活，无磨损、无卡涩 | | |
| | 3.2 | 转动绝缘子、支持绝缘子检查及清洁 | 瓷绝缘子外观无损伤，裂纹，无脱釉、超声波探伤合格。法兰浇装处无开裂，防水胶无脱落，法兰无锈蚀；上下法兰螺丝完好，无锈蚀，孔内无杂物，绝缘子表面清洁 | 法兰浇装处的防水胶若脱落应进行修补。<br>探伤部位为每节绝缘子上下法兰与绝缘子的结合部位。<br>绝缘子探伤应符合相关要求（见附录 J） | | |
| | 3.3 | 机械、电气联锁情况检查 | 1．隔离开关与接地开关机械闭锁可靠，闭锁板无变形。<br>2．　电气回路联锁准确可靠 | 隔离开关操作时，要注意与接地开关的联锁。<br>操作时，隔离开关上的作业人员要撤离。<br>操作隔离开关时，接地开关必须在分闸位置；操作接地开关时，隔离开关必须在分闸位置 | | |
| | 3.4 | 所有紧固件的紧固 | 设备有特殊的力矩要求的，应符合其要求，否则应符合力矩附表要求 | | | |
| | 4　操作机构检修 | | | | | |
| | 4.1 | 电动/手动操动机构检查 | 1．检查机构箱内电子器件有明确标识，并与图纸相符。<br>2．电动机热继电器工作正常（带复位按钮）；空气断路器容量满足要求；交流接触器动作正常；微动开关声音清脆、动作到位。 | 检查机构前先确认操作电源及防误电源已切断。<br>触头有烧蚀的应更换整个辅助开关。<br>电动机碳刷磨损量满足相关要求。<br>应使用 500V 的绝缘电阻表测量 | | |

表（续）

| √ | 序号 | 作业内容 | 作业标准 | 安全措施及注意事项 | 检修结果 | 责任人签字 |
|---|---|---|---|---|---|---|
| | 4.1 | 电动/手动操动机构检查 | 3．检查辅助开关通、断位置正确可靠，转动灵活，触头烧蚀情况。<br>4．检查限位开关动作正确可靠，输出轴角度正确。<br>5．检查各转动部件完好，蜗轮和蜗杆及齿轮无变形、裂纹，转动灵活，并均匀涂抹二硫锂基润滑脂。<br>6．检查电动机起动时，转动及声响是否正常。<br>7．检查二次回路接线端子无锈蚀，标志清晰，接线正确，并紧固二次端子；二次回路绝缘良好，不低于2MΩ。<br>8．检查加热器工作正常及机构箱输出轴及箱体密封良好 | | | |
| 5 | 整体组装调试 | | | | | |
| | 5.1 | 整体调试检查及试验 | 1．合闸检查：合闸位置，上下导电管成直线，且在垂直位置；静触杆与动触头座端面距离：60mm。每个动触片对静触杆的夹紧力应≥240N。<br>2．分闸检查：测量各相断口开距≥2600 mm，分闸限位螺钉止档间隙为2～3mm。<br>3．检查隔离隔离开关三相同期性：三相合闸不同期≤20mm。<br>4．“死点”位置检查：合闸位置，上下导电管应竖直成一直线，双四连杆的主动臂应过180°且与距限位螺钉2mm。<br>5．接地开关合闸检查：接地开关动静触头在合闸后应接触良好，动触头插入深度40～50mm，动、静触头无偏斜，接触良好。三相合闸不同期：≤10mm。<br>6．接地开关分闸后空气净距≥2100mm。<br>7．隔离开关导电回路直流电阻：≤95μΩ；接地开关接触电阻≤270μΩ。<br>8．隔离开关分、合闸操作：就地远方各进行2次操作，隔离开关分合操作正常，隔离开关、接地开关动作灵活，无卡涩，辅助开关切换位置准确可靠，与隔离开关的切换配合符合要求 | 三相都不到位应调整隔离开关拉杆的长度。<br>隔离开关直流电阻测试应符合相关要求（见附录J）。<br>手动操作必须先切除操作电源和控制电源。<br>隔离开关操作时，要注意与接地开关的闭锁。<br>应先将隔离开关操作至半分、半合位置，再进行电动操作 | | |

## 5 竣工

| √ | 序号 | 内　　容 | 责任人员签字 |
|---|---|---|---|
| | 1 | 清理工作现场，将工器具全部收拢并清点，废弃物按相关规定处理，材料及备品备件回收清点 | |
| | 2 | 按相关规定，关闭检修电源 | |
| | 3 | 做好检修记录，记录本次检修内容，反措或技改情况，有无遗留问题 | |
| | 4 | 会同验收人员对各项检修、试验项目进行验收 | |
| | 5 | 会同验收人员对现场安全措施及检修设备的状态进行检查，要求恢复至工作许可时状态 | |
| | 6 | 经全部验收合格，做好检修记录后，办理工作票结束手续 | |

## 6 验收记录

| | | |
|---|---|---|
| 自验收记录 | 记录改进和更换的零部件 | |
| | 存在问题及处理意见 | |
| 验收单位意见 | 检修班组自评价及签字 | |
| | 检修部门验收意见及签字 | |
| | 运行单位验收意见及签字 | |
| | 公司验收意见及签字 | |

## 7 作业指导书执行情况评估

| | | | | | |
|---|---|---|---|---|---|
| 评估内容 | 符合性 | 优 | | 可操作项 | |
| | | 良 | | 不可操作项 | |
| | 可操作性 | 优 | | 建议修改项 | |
| | | 良 | | 遗漏项 | |
| 存在问题 | | | | | |
| 改进意见 | | | | | |

# 2 安全质量控制卡

**班组作业安全质量控制卡**

作业名称：××局－变电开关类－××班××变 220kV GW16-252 型隔离开关（平高）大修

工作负责人编写：________审核：________批准：________

作业性质：多专业 计划时间：___年__月__日__时__分至___年__月__日__时__分

## 1 作业前

### 1.1 作业前内业准备

| 序号 | 名　称 | 规　格 | 单位 | 数量 | 确认 |
|---|---|---|---|---|---|
| 1. 现场勘察 | | 勾选：□已勘察　□无需勘察<br>签字确认： | | | |
| 2. 工器具（详见物品清单 6） | | | | | |
| 2.1 | 标准工具箱 | 详见标准工具箱配置表 | 套 | 1 | |
| 2.2 | 常规检修工器具 | 详见常规检修工器具表 | 套 | 1 | |
| 3. 仪器 | | | | | |
| 3.1 | 仪器 | 详见仪器表 | 套 | 1 | |
| 4. 材料 | | | | | |
| 4.1 | 材料 | 详见材料备品备件表 | 套 | 1 | |
| 5. 防护用品 | | | | | |
| 5.1 | 防护用品 | 详见安全防护用品表 | 套 | 1 | |
| 6. 车辆 | | | | | |
| 6.1 | 专用车辆 | 详见作业车辆表 | | | |
| 7. 绝缘梯 | | | | | |
| 7.1 | 绝缘梯 | 详见绝缘梯表 | | | |
| 8. 作业文件 | | | | | |
| 8.1 | 工作票编号 | | | | |
| 8.2 | 作业文件（设备台账资料、设备说明书、接线图、报表）等 | | | | |
| 9. 其他（录音笔、红马甲） | | | | | |

### 1.2 出工准备

| 序号 | 名　称 | 确认 |
|---|---|---|
| 1 | 班组班前会 | |
| 2 | 出工三检查、独木桥制度 | |

## 2 作业中

### 2.1 作业组班前会

#### 2.1.1 本作业危险点分析及安全措施交底

| 序号 | 危险点分析 | 安全控制措施 | 确认 |
|---|---|---|---|
| 1 | 高空作业时，人员或工器具发生高空坠落 | 1. 应正确使用安全带。<br>2. 应使用合格的登高工具并专人扶持，绑扎牢固。<br>3. 工器具应系好保险绳或做好其他防坠落的可靠措施 | |
| 2 | 一次引线拆、接过程中，击伤人员或附件 | 使用传递绳传递引线，拆除后应及时绑扎牢固 | |
| 3 | 进行机构内二次回路工作时，误碰带电二次接线，造成短路或失地，人员触电 | 使用带有绝缘包扎的工器具。拆线前做好标记，随拆即采取绝缘包扎措施。接回时，应由第二人进行复查 | |
| 4 | 检修电源设备损坏或接线不规范，会引起低压触电 | 检修电源接线时，必须确认电源线的极性及所需使用的电压，使用的工具金属裸露部位应用绝缘材料包好，有人监护，同时必须使用带电漏电保护的电源盘 | |
| 5 | 隔离开关拆卸、安装及吊装过程易损伤人员及设备 | 隔离开关绑扎应牢固，吊装过程与带电设备保持足够安全距离：220 kV≥6.0m | |

#### 2.1.2 其他班组间配合或交叉作业危险点分析及安全措施交底

| 序号 | 相关班组 | 危险点分析 | 安全控制措施 | 确认 |
|---|---|---|---|---|
| 1 | 保护班 | 隔离开关调试与二次回路工作交叉进行容易发生人身伤害事故 | 要求调试时先通知保护人员，保护人员应中止工作并撤离试验区域，确保人身安全 | |

#### 2.1.3 安全措施确认

我已知晓上述工作地点、工作内容、停电范围、作业分工、危险点及安全控制措施，精神状态良好，确认签字：

### 2.2 关键工序安全质量控制

| 序号 | 关键工序 | 质量、风险提醒 | 确认 |
|---|---|---|---|
| 1 | 清洗工艺要求 | 对金属零部件应使用煤油、汽油等不会造成腐蚀损伤的清洗剂；非金属零部件应使用无水乙醇（酒精）。并将清洗后的零部件表面擦拭干净 | |
| 2 | 润滑油封工艺要求 | 润滑前，应对传动部位零部件进行清洗，再均匀涂抹适量的优质二硫化钼锂基润滑脂，禁止戴棉制手套、毛刷 | |
| 3 | 接触面处理工艺要求 | 导电接触面镀银层用清洗剂清洗干净，非镀银导电接触面用 0 号砂纸砂光后清洗干净 | |
| 4 | 金属件及弹性部件检查工艺要求 | 金属件及弹性部件表面无氧化、无锈蚀、无裂纹、无残缺；弹性部件无弹性疲劳，形变长度符合要求，部件检查清洗后，在其表面涂少量二硫化钼锂基润滑脂 | |

表（续）

| 序号 | 关键工序 | 质量、风险提醒 | 确认 |
| --- | --- | --- | --- |
| 5 | 除锈、防锈工艺要求 | 除锈时，用钢丝刷将设备构架、外壳氧化层去掉，用铁砂布细加工彻底除锈。防锈时，先刷一遍底漆，后刷两遍防锈漆，每一遍刷油漆间隔时间以漆干为准，每一遍刷油漆应均匀、不起泡、厚薄度一样，无遗漏处 | |
| 6 | 隔离开关导电系统的分解 | 1．在专用平台上进行分解。<br>2．上导电管与中间接头装配的分离。<br>3．中间接头装配与下导电杆的分离。<br>4．下导电管与接线底座装配的分离 | |
| 7 | 上导电管装配解体检修 | 1．触指、触头座、复位弹簧、夹紧弹簧、顶杆的清洗、检查、润滑。<br>2．提升杆绝缘部分的检查。<br>3．触指装配的安装工艺。<br>4．在解体时，应作好顶块与顶杆的安装标记 | |
| 8 | 中间接头装配的检修 | 1．连接叉、齿轮箱、导电回路、轴销、密封的清洗、检查、润滑。<br>2．内部结构见附录 E | |
| 9 | 下导电管装配的检修 | 1．平衡弹簧、齿条、丝杆装配、导电管、转动座的清洗、检查、润滑。<br>2．丝杆装配应留有调节裕度 | |
| 10 | 接线底座装配的检修 | 1．四连杆装配、底座装配内的齿轮、主轴、圆柱销清洗、检查、润滑。<br>2．严禁将手穿过双连杆 | |
| 11 | 隔离开关导电系统的组装 | 1．在专用平台上进行组装。<br>2．下导电管与接线底座装配的组装。<br>3．中间接头装配与下导电管的组装。<br>4．上导电管与中间接头装配的组装 | |
| 12 | 接地开关的装配检修 | 1．触头座、触片、导向板与支架、弹簧触指清洗、检查、润滑。<br>2．机械闭锁装置应牢固可靠。<br>3．检查前应挂好临时接地线 | |
| 13 | 转动绝缘子、支持绝缘子检查及清洁 | 绝缘子外观无损伤，裂纹，无脱釉、超声波探伤合格。法兰浇装处无开裂，有防水措施，法兰无锈蚀；上下法兰螺丝完好，无锈蚀，孔内无杂物，绝缘子表面清洁 | |
| 14 | 静触头装配检修 | 1．导电棒检查：检查导电棒有无变形、烧伤、镀银层等情况确认是否更换。<br>2．防振环检查：检查防振环是否断股及磨损情况确认是否更换（固定螺栓锈蚀应更换） | |
| 15 | 传动系统检查 | 转动部位无卡滞，加注适量二硫化钼锂基润滑剂；隔离开关各转动部位动作灵活，无卡涩；轴销无锈蚀，开口销齐全并开口；各转动部分轴销，轴承涂二硫化钼锂基润滑剂 | |
| 16 | 所有紧固件的紧固 | 设备安装说明书有力矩要求的，应符合其要求，否则应符合力矩附表（附录 A）要求 | |

表（续）

| 序号 | 关键工序 | 质量、风险提醒 | 确认 |
| --- | --- | --- | --- |
| 17 | 电动/手动操动机构检查 | 1．检查机构箱内电子器件有明确标识，并与图纸相符。<br>2．电动机热继电器工作正常（带复位按钮）；空气开关容量满足要求；接触器动作正常；微动开关声音清脆、动作到位。<br>3．检查辅助开关通、断位置正确可靠，转动灵活。<br>4．检查限位开关动作正确可靠。<br>5．检查各转动部件完好，蜗轮和蜗杆及齿轮无变形、裂纹，转动灵活，并加适量二硫化钼锂基润滑脂。<br>6．检查电动机起动时，转动及声响是否正常。<br>7．检查二次回路接线端子无锈蚀，标志清晰，接线正确，并紧固二次端子；二次回路绝缘良好，不低于2MΩ。<br>8．检查加热器工作正常及机构箱密封良好 | |
| 18 | 机械闭锁、电气联锁情况及五防功能检查 | 1．隔离开关与接地开关机械闭锁可靠，电气回路联锁准确可靠。<br>2．五防装置外观无损坏，接线无松动。隔离开关闭锁回路正常 | |
| 19 | 整体调试检查 | 1．合闸检查：合闸位置，上下导电管成直线，且在铅垂位置；静触杆与动触头座端面距离：60mm。每个动触片对静触杆的夹紧力应≥240N；三相都不到位应调整主隔离开关拉杆的长度。<br>2．分闸检查：测量各相断口开距≥2600mm，分闸限位螺钉止档间隙为2～3mm。<br>3．检查隔离开关三相同期性：三相合闸不同期≤20mm。<br>4．“死点”位置检查：合闸位置，上下导电管应竖直成一直线，双四连杆的主动臂在“死点”距限位螺钉2mm。<br>5．接地开关合闸检查：接地开关动静触头在合闸后应接触良好，动触头插入深度40～50mm，动、静触头无偏斜，每片均应接触；三相合闸不同期：≤10mm。<br>6．接地开关分闸后绝缘间距≥2100mm。<br>7．隔离开关导电回路接触电阻：≤95μΩ（2500/3150A）接地开关接触电阻≤270μΩ。<br>8．隔离开关分合操作：就地远方各进行2次操作，隔离开关分合操作正常，隔离开关、接地开关动作灵活，无卡涩，辅助开关切换位置准确可靠，与隔离开关的切换配合符合要求 | |

## 2.3 作业验收

### 2.3.1 检修人员验收

| 序号 | 验 收 内 容 | 确认 |
| --- | --- | --- |
| 1 | 对检修工作全面自验收：逐项检查，无漏项，做到修必修好 | |
| 2 | 现场安全措施检查：临时保安接地线均已拆除，现场安全措施已恢复到工作许可时状态 | |
| 3 | 对设备状态恢复：隔离开关状态、操作电源、防误电源等均要求恢复到工作许可时状态 | |
| 4 | 检查现场无遗留工器具、材料，所有工作人员已经撤离现场 | |
| 5 | 工作负责人验收签字： | |

### 2.3.2 运维人员验收

| 运维人员验收：<br>检修记录已登记，现场已验收合格。　　　　运维人员确认签字： |
| --- |

## 2.4 作业组班后会

| 序号 | 项目 | 确认 |
|---|---|---|
| 1 | 作业组班后会 | |
| 2 | 存在问题及措施： | |

# 3 作业后

## 3.1 作业后内业工作

| 序号 | 项目 | 内容 | 确认 |
|---|---|---|---|
| 1 | GPMS 流程运转 | 缺陷流程运转、报表编写上传、完成时限填写、完成设备作业后评估 | |
| 2 | 录音上传 | 工作票录音 | |
| 3 | 作业文件归档 | 安全质量控制卡、工作票、报表 | |

## 3.2 作业评价

评价情况：经检查，本控制卡________，存在________________问题，已向____________提出。

检查人：____________

____年____月____日

## 3 变电站电气第一种工作票

××电业局（供电公司）

××变电站电气第一种工作票

编号：××-BB-B1-××B-2012-××××

1．部门：变电检修部

工作班组：检修二班

工作负责人：黄××

2．工作人员：连×、杨××、刘××、田××、杨××、彭××、王××、张××、田××、况× 共 10 人

3．工作任务（工作地点和工作内容）：

| 工 作 地 点 | 工 作 内 容 |
|---|---|
| 220kV 官桥变电站 220kV 湖官Ⅰ路 2131 隔离开关及其单元端子箱 | 220kV 官桥变电站 220kV 湖官Ⅰ路 2131 隔离开关完善化大修 |

4．计划工作时间：自××年×月×日×时×分至××年×月×日×时×分

5．安全措施：

电气接线图或必要时可附页绘图说明：

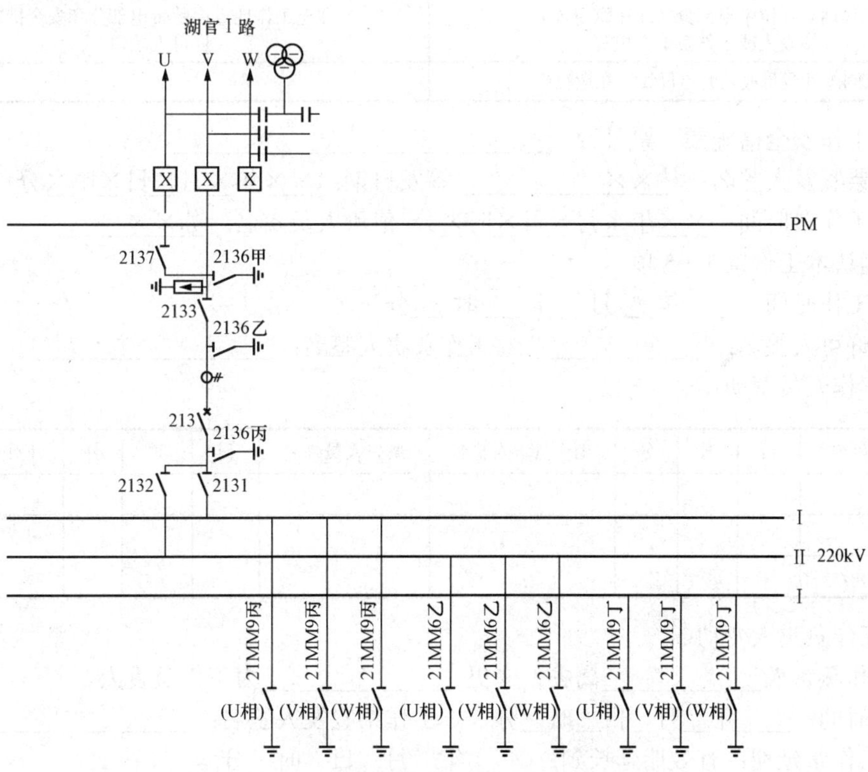


许可前由工作许可人会同工作负责人到现场逐项检查核对后打√。

| 序号 | 应断开的断路器、隔离开关，应取下的熔丝，应解除的继电保护连接片等（包括填写前已断开、取下、解除的）注明编号 | 已执行 |
|---|---|---|
| 1 | 应断开 220kV 湖官Ⅰ路 213 断路器、220kV 母联 21M 断路器 | |
| 2 | 应断开 220kV 湖官Ⅰ路 213 断路器、220kV 母联 21M 断路器控制电源 | |
| 3 | 应断开 2131、2132、2133、21M1、21M2、2151、2141、2161、21M5、21A1、21B1、2101 隔离开关 | |
| 4 | 应断开 2131、2132、2133、21M1、21M2、2151、2141、2161、21M5、21A1、21B1、2101 隔离开关电动机电源及控制电源 | |
| 5 | 应断开 220kVⅠ段母线 TV 二次侧空气断路器 | |
| 序号 | 应装接地线、应合接地开关（注明接地线具体位置，并留出空位由许可人注明接地线编号） | 已执行 |
| 1 | 应合上 220kVⅠ段母线 21MM9 甲 U 相、V 相、W 相母线接地开关 | |
| 2 | 应合上 220kVⅠ段母线 21MM9 乙 U 相、V 相、W 相母线接地开关 | |
| 3 | 应合上 220kVⅠ段母线 21MM9 丙 U 相、V 相、W 相母线接地开关 | |
| 4 | 应合上 220kVⅠ段母线 21MM9 丁 U 相、V 相、W 相母线接地开关 | |
| 5 | 应合上 220kV 湖官Ⅰ路 2136 乙接地开关 | |
| 6 | 应在 220kV 湖官Ⅰ路 2132 隔离开关靠 213 断路器侧装设一组（号）三相短路接地线 | |
| 序号 | 应设遮栏、应挂标示牌、防止二次回路误碰的措施 | 已执行 |
| 1 | 应在 2132、2133、21M1、21M2、2151、2141、2161、21M5、21A1、21B1、2101 隔离开关操作把手及 220kVⅠ段母线 TV 二次侧空气断路器上挂“禁止合闸，有人工作”标示牌 | |
| 2 | 应在 220kV 湖官Ⅰ路 2131 隔离开关操作把手及其单元端子箱上挂“在此工作”标示牌 | |
| 3 | 应在 220kV 湖官Ⅰ路 2131 隔离开关及其单元端子箱工作地点四周装设围网或围栏，其出入口围至邻近道路旁边，并挂“由此进出”标示牌，工作地点四周围网上挂“止步，高压危险”标示牌，标示牌朝向围网里面 | |

| 工作地点保留带电部分（或注意事项）<br>签发人或工作负责人填写 | 补充工作地点保留带电部分和安全措施<br>许可人填写 |
|---|---|
| 220kVⅡ段母线及旁路母线均在运行中 | |

二次工作安全措施票（票号）：____________

工作票签发人签名：林××　　　签发日期：××年×月×日×时×分

收到工作票时间：××年×月×日×时×分　值班人员签名：苏××

6．确认本工作票 1～5 项

许可工作时间：____年___月___日___时___分

工作许可人签名：__________　　工作负责人签名：__________

7．工作人员变动：

| 增添人员姓名 | 日 | 时 | 分 | 工作负责人签名 | 离去人员姓名 | 日 | 时 | 分 | 工作负责人签名 |
|---|---|---|---|---|---|---|---|---|---|
| | | | | | | | | | |
| | | | | | | | | | |
| | | | | | | | | | |

8．工作负责人变动：

原工作负责人__________离去，变更__________为工作负责人。

变动时间：____年__月__日__时__分　　工作票签发人签名：__________

9．工作票延期：有效期延长到：____年__月__日__时__分

工作负责人签名：__________　　值长或值班长负责人签名：__________

10．每日开工和收工时间（使用一天的工作票不必填写）

| 收工时间 | | | | 工作负责人 | 工作许可人 | 开工时间 | | | | 工作负责人 | 工作许可人 |
|---|---|---|---|---|---|---|---|---|---|---|---|
| 月 | 日 | 时 | 分 | | | 月 | 日 | 时 | 分 | | |
| | | | | | | | | | | | |
| | | | | | | | | | | | |
| | | | | | | | | | | | |

11．工作结束：设备及安全措施已恢复至开工前状态，现场已清理完毕，工作班人员已全部撤离。全部工作于××年×月×日×时×分结束。

工作负责人签名：____________ 工作许可人签名：____________

12．工作票终结：临时遮栏、标示牌已拆除，常设遮栏已恢复。接地线编号____________________等共___组、接地开关（小车）共____________副（台）未拆除或拉开，已汇报调度。

工作许可（当值）人签名:____________时间:_____年__月__日__时__分

13．备注：

（1）检修工作中允许试分合的设备：

| 允许试分合的设备 | 解锁执行人 | 解锁时间 | 操作人 | 监护人 | 操作设备时间 |
|---|---|---|---|---|---|
| | | 日　时　分 | | | 日　时　分 |
| | | 日　时　分 | | | 日　时　分 |
| | | 日　时　分 | | | 日　时　分 |
| | | 日　时　分 | | | 日　时　分 |

（2）工作负责人指定专职监护人：

第一组________负责监护________________________________

第二组________负责监护________________________________

第三组________负责监护________________________________

（3）其他补充安全措施：①试分合隔离开关时，应先手动后电动；②工作中应加强监护，防止误登带电设备；③登高作业应系好安全带；④使用梯子应有人扶持；⑤工作中应注意与带电设备保持足够的安全距离：220kV 不小于 3.0m。

（4）其他事项：________________________________________________

14．交任务、交安全措施确认：我对工作负责人布置的工作任务及安全措施已明白无误，所有安全措施已能确保我的工作安全。

工作班人员签名：________________________________________

15．评价情况：经检查本票为________票。存在____________________________________________问题，已向____________指出。

检查人：____________

_____年____月____日

# 4 现场勘察单

## ××电业局（供电公司）电气工作现场勘察单

编号：××××

| 工作名称 | 220kV 官桥变电站 220kV 湖官Ⅰ路 2131 隔离开关大修 | 勘察单位 | ×××××× |
|---|---|---|---|
| 工作范围 | 220kV 官桥变电站 220kV 湖官Ⅰ路 2131 隔离开关及其单元端子箱 | | |
| 工作主要内容 | 220kV 官桥变电站 220kV 湖官Ⅰ路 2131 隔离开关大修 | | |
| 现场勘察情况图示（工作范围及保留带电部分图示或地下缆沟管线等布置图） | 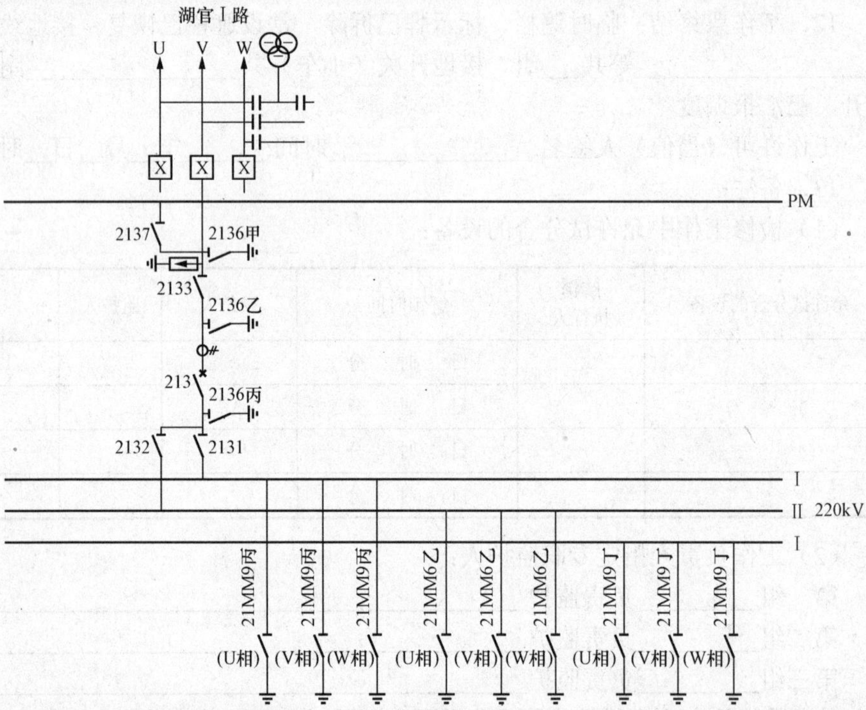 | | |
| 现场勘察情况说明 | 1．邻近、交叉或跨越带电设备距离：<br>作业时 220kVⅡ段及旁路母线带电，即 2132 隔离开关靠Ⅱ段母线侧带电，2137 隔离开关带电<br>2．工作地段周围环境：<br>路边<br>3．地下管网布置情况：<br>无<br>4．其他：无 | | |
| 现场工作安全要求 | 1．220kV 官桥变电站 220kV 湖官Ⅰ路 213 断路器转检修；220kVⅠ段母线转检修。<br>2．需高处作业，应准备好登高安全工器具。<br>3．需使用升高作业车，作业时应有专人监护 | | |

审核：××× 勘察人：×××、××× 监理人：××× 勘察日期：××年×月×日

# 附 录 A
## 螺栓及螺母紧固力矩对照表

**附表 A-1 螺栓及螺母紧固力矩对照表**

| 紧固件规格 | 强度等级（N·m） | | | |
|---|---|---|---|---|
| | 4.8 | 5.6 | 8.8 | 10.9 |
| M3 | 0.6±0.1 | 0.7±0.1 | 1.4±0.1 | — |
| M3.5 | 1±0.1 | 1±0.1 | 2±0.2 | — |
| M4 | 1.4±0.1 | 1.5±0.1 | 3±0.3 | — |
| M5 | 3±0.2 | 3±0.3 | 6±0.5 | — |
| M6 | 5.1±0.4 | 6±0.5 | 8±1 | 12±2 |
| M8 | — | 12±2 | 20±2 | 30±3 |
| M10 | — | 25±3 | 40±4 | 60±6 |
| M12 | — | 40±4 | 70±7 | 100±10 |
| M16 | — | 100±10 | 170±20 | 250±25 |
| M20 | — | ± | 340±30 | 500±50 |
| M24 | — | ± | 600±60 | 800±80 |
| >M24 | | 根据图纸要求 | | |

注 未提供力矩强度的规格不推荐使用。

# 附 录 B
## GW16 隔离开关主闸刀结构原理图

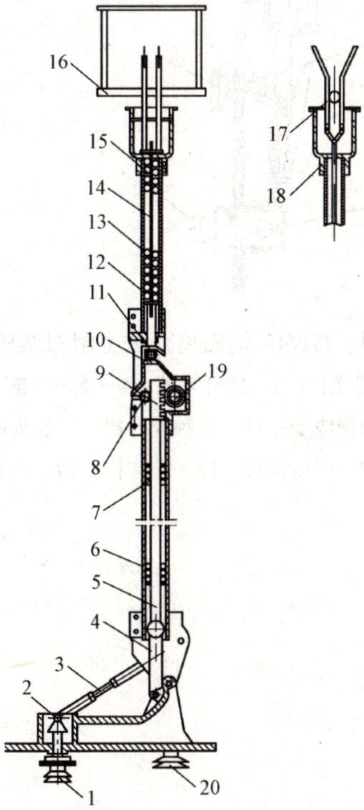


附图 B-1 GW16 型隔离开关主闸刀结构原理图

1—旋转绝缘子；2—相啮合的伞齿轮；3—平面双四连杆；4—调整螺杆装配；5—操作杆；6—下导电管；7—平衡弹簧；8—支轴；9—齿条；10—齿轮箱；11—滚轮；12—加紧弹簧；13—上导电管；14—操作杆；15—复位弹簧；16—静触杆；17—动触片；18—动触头座；19—齿轮；20—支持绝缘子

# 附 录 C
## GW17 隔离开关主闸刀结构原理图

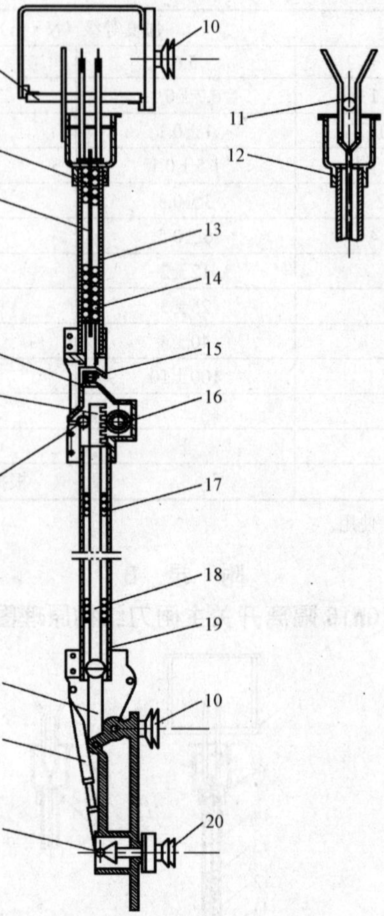


附图 C-1 GW17 型隔离开关主闸刀结构原理图

1—相啮合的伞齿轮；2—平面双四连杆；3—丝杆装配；4—支轴；5—齿条；6—齿轮箱；7—操作杆；8—复位弹簧；9—静触杆；10—支持绝缘子；11—动触片；12—动触头座；13—上导电管；14—夹紧弹簧；15—滚轮；16—齿轮；17—平衡弹簧；18—操作杆；19—下导电管；20—旋转绝缘子

# 附 录 D
# 上 导 电 管 装 配

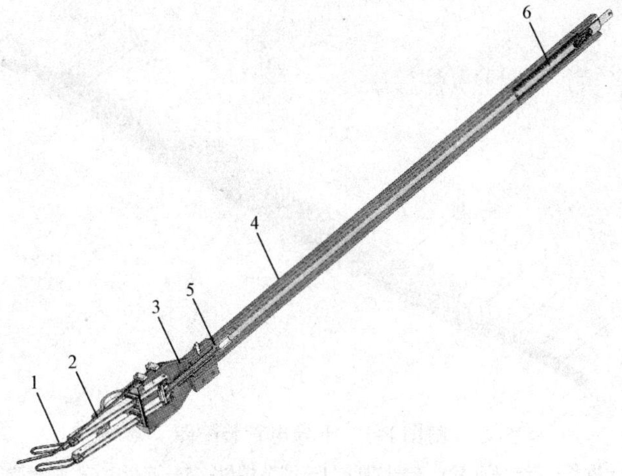


附图 D-1　上导电管装配图

1—引弧角；2—动触片；3—动触头座；4—上导电管；5—复位弹簧；6—夹紧弹簧

# 附 录 E
# 中 间 接 头 装 配

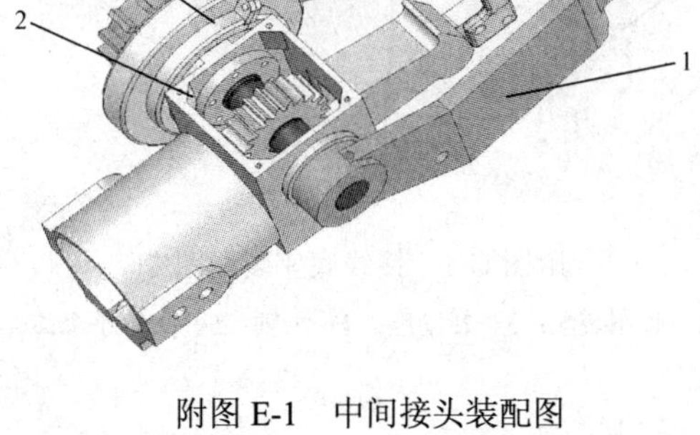


附图 E-1　中间接头装配图

1—连接叉；2—齿轮箱；3—转动触头装配

# 附 录 F

## 下 导 电 管 装 配

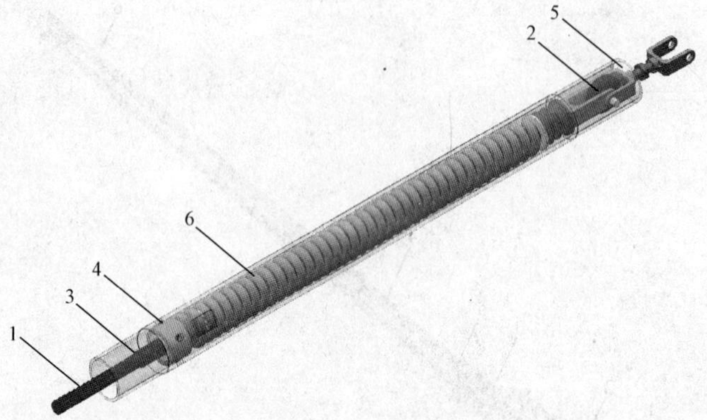


附图 F-1 下导电管装配图

1—齿条；2—导向轮；3—拉杆；4—调节螺母；5—连板；6—平衡弹簧

# 附 录 G

## 接线底座装配

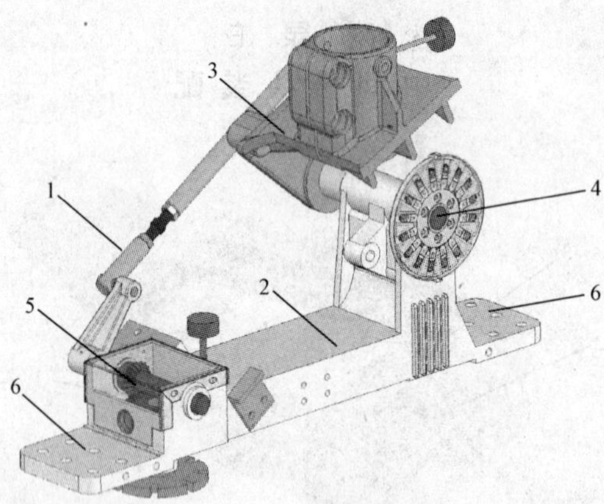


附图 G-1 接线底座装配图

1—调节拉杆；2—底座装配；3—转动座；4—主轴；5—大、小伞齿轮；6—接线板

## 附　录　H

## GW16 型隔离开关静触头装配

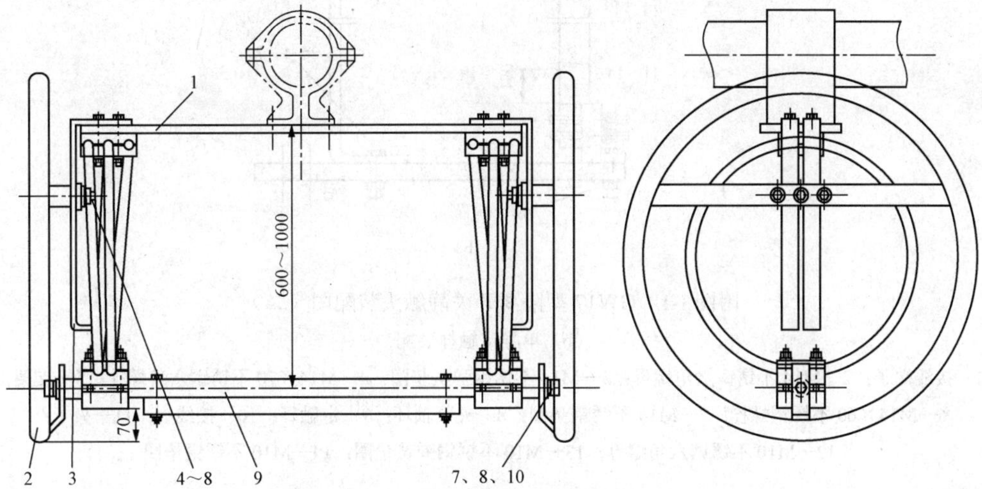


附图 H-1　GW16 型隔离开关静触头号装配图

1—上夹头装配；2—均压环装配；3—弯板；4—板；5—M10×40 不锈钢六角螺栓；6—M10 不锈钢六角螺母；7—不锈钢弹簧垫圈；8—不锈钢垫圈；9—导电杆装配；10—M10×60 不锈钢六角螺栓

## 附　录　I

## GW17 型隔离开关静触头装配

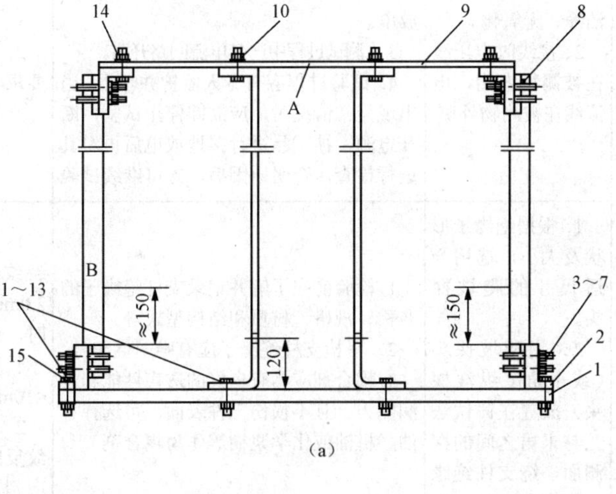


附图 I-1　GW17 型隔离开关静触头装配图（一）

（a）双静定触杆装配

1—接线板；2—夹紧轴环；3～7—抱箍及配件；8—定轴杆；9—接线板；10～15—内六角螺栓

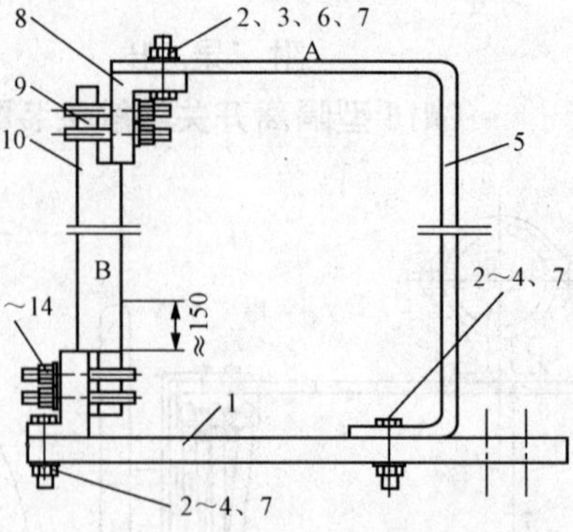


（b）

附图 I-1　GW17 型隔离开关静触头装配图（二）

（b）单静定触杆装配

1—接线端子；2—M14 不锈钢六角螺母；3—M14 不锈钢弹簧垫圈；4—M14×70 不锈钢六角螺栓；5—支架；6—M14×60 不锈钢螺栓；7—M14 不锈钢垫圈；8—夹紧轴环；9—定触杆；10—接线板；11—夹子；12—M10 不锈钢六角螺母；13—M10 不锈钢弹簧垫圈；14—M10 不锈钢垫圈

# 附　录　J
## 修后试验及标准

**附表 J-1　修后试验及标准**

| √ | 序号 | 试验项目 | 试验方法 | 安全措施及注意事项 | 试验标准 |
|---|---|---|---|---|---|
| | 1 | 隔离开关导电回路直流电阻测试 | 1. 测试接线点应洁净、无氧化。<br>2. 接线时电压线在被测物内侧，电流线在被测物外侧 | 1. 接线时应做好防止高空坠落措施和注意保持与带电设备距离。<br>2. 测量完毕应将被测绕组对地充分放电。<br>3. 测试过程中严禁电流回路开路。<br>4. 试验过程应有专人监护并呼唱，当出现异常情况时，应立即停止试验，断开电源，被试品进行接地放电后再对其进行检查，查明原因后，方可继续试验 | 1. 测试电流应≥100A。<br>2. 直流电阻值应符合厂家相关要求 |
| | 2 | 瓷绝缘子超声波探伤试验 | 1. 根据绝缘子形状及大小，选用合适尺寸的爬坡探头。<br>2. 用爬坡探头（或小角度纵波探头）放置在铸铁法兰与末裙之间的探测面，绕支柱绝缘子或瓷套扫查一周 | 1. 检验前应了解并记录支柱绝缘子的名称、规格、材质和结构型式等。<br>2. 受检支柱绝缘子应有唯一性编号。<br>3. 耦合剂应具有良好的透声性能和浸润能力，且不损伤工件表面，可选择甘油、机油或化学浆糊等作为耦合剂 | 1. 缺陷波≤深度 2.0mm 模拟裂纹反射波高，即缺陷波低于 2.0mm 模拟裂纹反射波 0～4dB 时，此时应测定其指示长度，指示长度>10mm 时应判定为裂纹，<10mm 时应判定为点状缺陷。<br>2. 缺陷波>深度 2.0mm 模拟裂纹反射波高时，指示长度>10mm 应判定为裂纹 |

# 思考与练习答案

1．答：当下导电管垂直或水平（合闸），而上导电管相对于下导电管倾斜时，应根据倾斜的程度，适当调节下导电管下端丝杆装配的长度，使下导电管内的操作杆伸长或缩短。这样与操作杆销联的齿条会带动与上导电管固联的齿轮，从而改变上导电管的转角，以保证隔离开关在合闸状态下垂直或水平。

2．答：当 GW16/17-252 型产品在三相联动时，主极动触头分、合闸到位，两边极的动触头分、合闸均不到位时，可将两边极的拉板螺栓轴沿拐臂向里做适当的调整（减小被动拐臂的长度，增加被动拐臂的转角），并配合调节水平连杆的长度使其达到三相同期要求。

3．答：针对第一种情况，我们首先将对应极的水平连杆适当的缩短（改变被动拐臂的起始角度），如此调整在正常情况下是可以达到目的的，但在一定情况下也可造成该极的分、合闸均不到位，此时可再通过缩短该极拐臂长度的手段来做补充调整，使其分、合闸与主极保持同步。

针对第二种情况，调节的办法是将对应极的水平连杆作适当的放长来完成。该处方法同样也能出现分、合闸不到位的情况。我们可通过缩短该极拐臂长度并配合调节该极的水平连杆来达到该极的分、合闸保持与主极同步，最终达到三相分、合闸的同步。